When I Am Gloomy
Când sunt posomorâtă

Sam Sagolski
Illustrated by Daria Smyslova

www.kidkiddos.com
Copyright ©2025 by KidKiddos Books Ltd.
support@kidkiddos.com

All rights reserved. No part of this book may be reproduced in any form or by any electronic or mechanical means, including information storage and retrieval systems, without written permission from the publisher, except in the case of a reviewer, who may quote brief passages embodied in critical articles or in a review.
First edition, 2025

Translated from English by Ana-Maria Micu
Tradus din limba engleză de Ana-Maria Micu

Library and Archives Canada Cataloguing in Publication
When I Am Gloomy (English Romanian Bilingual edition)/Shelley Admont
ISBN: 978-1-83416-819-7 paperback
ISBN: 978-1-83416-820-3 hardcover
ISBN: 978-1-83416-818-0 eBook

Please note that the English and Romanian versions of the story have been written to be as close as possible. However, in some cases they differ in order to accommodate nuances and fluidity of each language.

One cloudy morning, I woke up feeling gloomy.
Într-o dimineață înnorată, m-am trezit posomorâtă.

I got out of bed, wrapped myself in my favorite blanket, and walked into the living room.
M-am ridicat din pat, m-am înfășurat în pătura mea preferată și m-am dus în camera de zi.

"Mommy!" I called. "I'm in a bad mood."
– *Mami! am strigat. Sunt într-o dispoziție proastă.*

Mom looked up from her book. "Bad? Why do you say that, darling?" she asked.
Mama a ridicat ochii din cartea ei.
– Proastă? De ce spui asta, scumpo? a întrebat ea.

"Look at my face!" I said, pointing to my furrowed brows. Mom smiled gently.
– Uită-te la fața mea! am spus, arătând cu degetul la fruntea mea încruntată.
Mama a zâmbit ușor.

"I don't have a happy face today," I mumbled. "Do you still love me when I'm gloomy?"
– Nu am o față fericită astăzi, am bolborosit eu. Mă mai iubești când sunt posomorâtă?

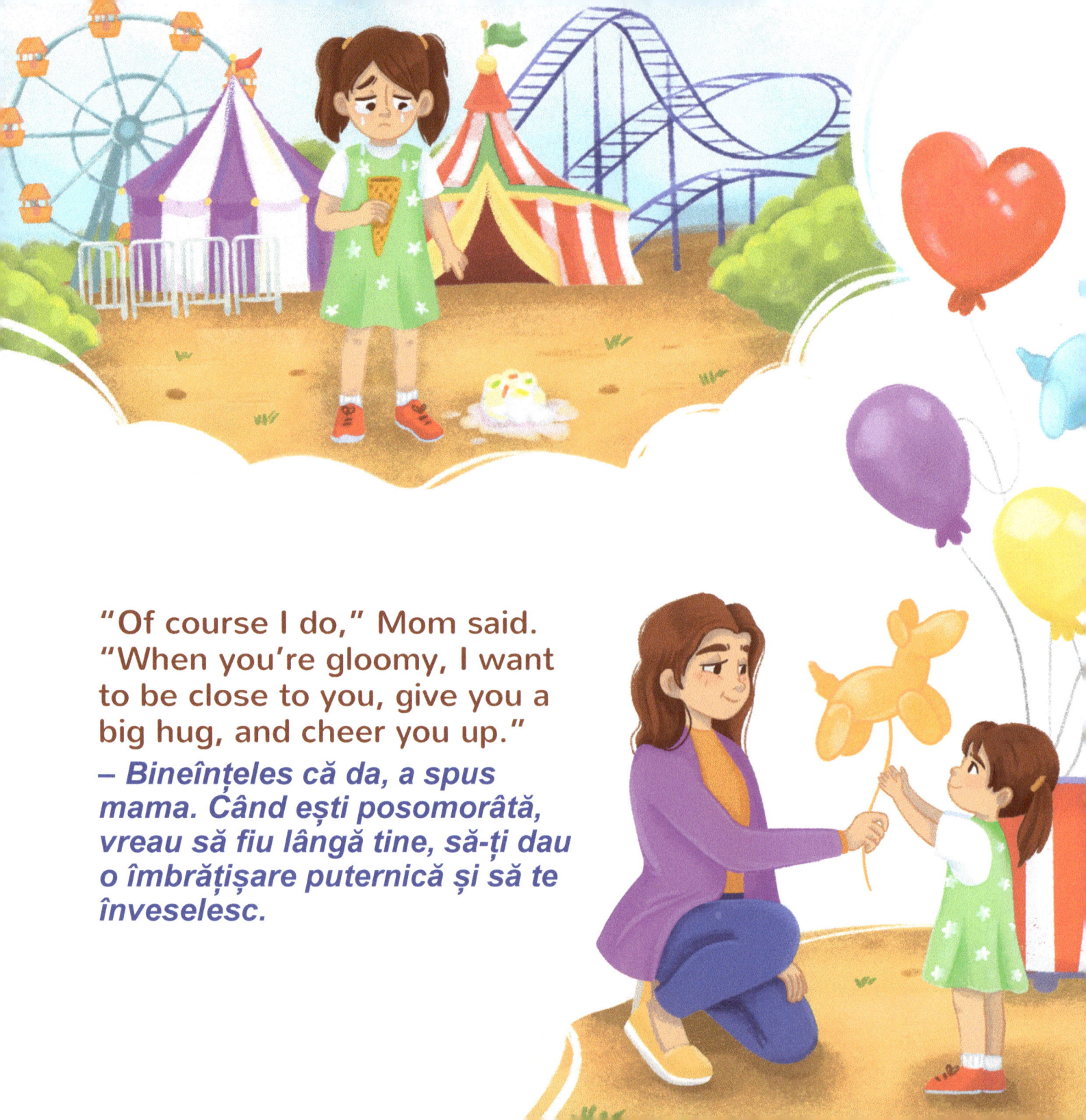

"Of course I do," Mom said. "When you're gloomy, I want to be close to you, give you a big hug, and cheer you up."

– *Bineînțeles că da, a spus mama. Când ești posomorâtă, vreau să fiu lângă tine, să-ți dau o îmbrățișare puternică și să te înveselesc.*

That made me feel a little better, but only for a second, because then I started thinking about all my other moods.

Asta m-a făcut să mă simt puțin mai bine, dar numai pentru o secundă, pentru că apoi am început să mă gândesc la toate celelalte stări de spirit ale mele.

"So… do you still love me when I'm angry?"
– Deci… mă mai iubești când sunt nervoasă?

Mom smiled again. "Of course I do!"
Mama a zâmbit din nou.
– Bineînțeles că da!

"Are you sure?" I asked, crossing my arms.
– Ești sigură? am întrebat, încrucișându-mi brațele.

"Even when you're mad, I'm still your mom. And I love you just the same."

– *Chiar și când ești nervoasă, eu tot mama ta sunt. Și te iubesc la fel de mult.*

I took a big breath. "What about when I'm shy?" I whispered.

Am tras aer în piept. – Dar când sunt timidă? am șoptit.

"I love you when you're shy too," she said. "Remember when you hid behind me and didn't want to talk to the new neighbor?"

– Te iubesc și când ești timidă, a spus ea. Mai ții minte când te-ai ascuns în spatele meu și nu ai vrut să vorbești cu noul vecin?

I nodded. I remembered it well.

Am dat din cap aprobator. Îmi aminteam foarte bine acest lucru.

"And then you said hello and made a new friend. I was so proud of you."

– Și apoi l-ai salutat și ți-ai făcut un prieten nou. Am fost foarte mândră de tine.

"Do you still love me when I ask too many questions?" I continued.

– *Mă mai iubești când pun prea multe întrebări? am continuat eu.*

"When you ask a lot of questions, like now, I get to watch you learn new things that make you smarter and stronger every day," Mom answered. "And yes, I still love you."

– *Când pui multe întrebări, ca acum, pot să văd cum înveți lucruri noi care te fac mai deșteaptă și mai puternică în fiecare zi, a răspuns mama. Și da, încă te iubesc.*

"What if I don't feel like talking at all?" I continued asking.
– Și dacă nu am chef să vorbesc deloc? am continuat să întreb.

"Come here," she said. I climbed into her lap and rested my head on her shoulder.
– Vino aici, a spus ea.
M-am urcat în poala ei și mi-am așezat capul pe umărul ei.

"When you don't feel like talking and just want to be quiet, you start using your imagination. I love seeing what you create," Mom answered.

– Când nu ai chef să vorbești și vrei să fii tăcută, începi să-ți folosești imaginația. Îmi place să văd ceea ce creezi, a răspuns mama.

Then she whispered in my ear, "I love you when you're quiet too."

Apoi, ea a șoptit în urechea mea.
– Te iubesc și când ești tăcută.

"But do you still love me when I'm afraid?" I asked.
– *Dar mă mai iubești când îmi este frică? am întrebat.*

"Always," said Mom. "When you're scared, I help you check that there are no monsters under the bed or in the closet."
– *Întotdeauna, a spus mama. Când îți este frică, te ajut să verifici să nu fie monștri sub pat sau în dulap.*

She kissed me on the forehead. "You are so brave, my sweetheart."

Ea m-a sărutat pe frunte.
– Ești foarte curajoasă, scumpa mea.

"And when you're tired," she added softly, "I cover you with your blanket, bring you your teddy bear, and sing you our special song."

– Și când ești obosită, a adăugat ea încet, te acopăr cu pătura, îți aduc ursulețul și îți cânt melodia noastră specială.

"What if I have too much energy?" I asked, jumping to my feet.
– Și dacă am prea multă energie? am întrebat, sărind în picioare.

She laughed. "When you're full of energy, we go biking, skip rope, or run around outside together. I love doing all those things with you!"
Ea a râs.
– Când ești plină de energie, mergem cu bicicleta, sărim coarda sau alergăm afară împreună. Îmi place să fac toate aceste lucruri cu tine!

"But do you love me when I don't want to eat broccoli?" I stuck out my tongue.

– Dar mă mai iubești când nu vreau să mănânc broccoli? Am scos limba.

Mom chuckled. "Like that time you slipped your broccoli to Max? He liked it a lot."

Mama a chicotit.
– Ca atunci când i-ai dat pe furiș broccoli lui Max? I-a plăcut foarte mult.

"You saw that?" I asked.
– *Ai văzut asta? am întrebat eu.*

"Of course I did. And I still love you, even then."
– *Bineînțeles că da. Și te iubesc chiar și atunci.*

I thought for a moment, then asked one last question:
M-am gândit pentru o secundă, iar apoi am pus o ultimă întrebare:

"Mommy, if you love me when I'm gloomy or mad... do you still love me when I'm happy?"
– Mami, dacă mă iubești când sunt posomorâtă sau nervoasă... mă mai iubești când sunt fericită?

"Oh, sweetheart," she said, hugging me again, "when you're happy, I'm happy too."
– O, scumpo, a spus ea, îmbrățișându-mă din nou, când ești fericită, și eu sunt fericită.

She kissed me on the forehead and added, "I love you when you're happy just as much as I love you when you're sad, or mad, or shy, or tired."
Ea m-a sărutat pe frunte și a adăugat:
– Când ești fericită, te iubesc la fel de mult ca atunci când ești tristă, nervoasă, timidă sau obosită.

I snuggled close and smiled. "So... you love me all the time?" I asked.

M-am cuibărit lângă ea și am zâmbit.
– Deci... mă iubești tot timpul? am întrebat.

"All the time," she said. "Every mood, every day, I love you always."

– Tot timpul, a spus ea. Fiecare stare de spirit, în fiecare zi, te iubesc mereu.

As she spoke, I started feeling something warm in my heart.
În timp ce vorbea, am început să simt ceva cald în inima mea.

I looked outside and saw the clouds floating away. The sky was turning blue, and the sun came out.
M-am uitat afară și am văzut cum norii se îndepărtau. Cerul începea să se însenineze și apăruse soarele.

It looked like it was going to be a beautiful day after all.
Se pare că urma să fie, până la urmă, o zi frumoasă.